AF375579

Alexander B. Taris

Einfach so...

Danke für alles!

Gedanken über das Leben

Herstellung und Verlag:
BoD – Books on Demand, Norderstedt
ISBN: 9783759704504

Die Sinnfrage...

Die Frage nach dem Sinn des Lebens ist so alt wie die Menschheit selbst und hat uns schon immer beschäftigt.
Philosophen, Theologen und Gelehrte haben sich im Laufe der Jahrhunderte mit dieser tiefgründigen Frage auseinandergesetzt und sind je nach kulturellem und religiösem Hintergrund zu unterschiedlichen Ergebnissen gekommen.

Für viele Menschen besteht der Sinn des Lebens darin, Glück zu finden, sich wohl zu fühlen und persönliche Ziele zu erreichen.
Zu individuell sind unsere Überzeugungen, Erfahrungen und Perspektiven. Jeder von uns trägt eigene Vorstellungen, Werte und Hoffnungen in sich, die ein erfülltes Leben ausmachen.
Manche finden ihren Lebenssinn in sozialer Verantwortung, im künstlerischen Ausdruck oder in spirituellen Praktiken.
Letztlich ist es eine sehr persönliche Sichtweise und jeder ist eingeladen, seine eigene Interpretation und seinen eigenen Weg zu finden.

Wir haben alle unseren einzigartigen Fingerabdruck. Wir sind alle verschieden.
Das Leben ist eine Reise voller Höhen und Tiefen, die uns alle prägen. Es ist wichtig zu akzeptieren, dass Erfolg und Misserfolg, Freude und Schmerz zum Leben gehören.

Wenn wir unsere Träume verfolgen und niemals aufgeben, können wir mit Optimismus und einer positiven Einstellung Herausforderungen meistern und ein erfülltes Leben führen.
Unsere Entscheidungen und die Art und Weise, wie wir unser Leben gestalten, geben unserem Dasein Bedeutung und Sinn.

Wir müssen erkennen, dass der Sinn des Lebens nicht abstrakt oder außerhalb unserer selbst existiert!

Eine klare Vorstellung vom Sinn des Lebens hilft uns, uns zu orientieren und Prioritäten zu setzen. Unsere Vorstellung gibt uns einen Rahmen, um Entscheidungen zu treffen und Ziele zu verfolgen.

Die Frage nach dem Sinn des Lebens ist eine einzigartige Reise, unser größtes Abenteuer.

Die Suche nach wahrem Glück ist ein wesentlicher Bestandteil eines erfüllten Lebens.
Oft suchen wir unser Glück in äußeren Umständen, sei es in materiellem Reichtum, beruflichem Erfolg oder in unseren Beziehungen zu anderen Menschen.

Was aber, wenn das Geheimnis des Glücks und eines sinnerfüllten Lebens in uns selbst liegt?
Werte wie Dankbarkeit, Mitgefühl, Selbstreflexion, Achtsamkeit und Empathie sind wichtig.
Ein sinnerfülltes Leben kann auch darin bestehen, unsere einzigartigen Stärken und Talente zu nutzen, um der Gesellschaft etwas zurückzugeben.

Wenn wir uns auf diese inneren Qualitäten konzentrieren, können wir vielleicht einen tieferen und dauerhafteren Zustand des Glücks erreichen, der nicht von äußeren Umständen abhängt.

Man sollte die Vergangenheit loslassen und sich nicht zu sehr auf die Zukunft konzentrieren. Lebe im Augenblick!

Wenn wir uns bewusst machen, wofür wir dankbar sein können und auch mit kleinen Freuden und angemessener Bescheidenheit durch den Alltag gehen, steigt unsere Wertschätzung für das Hier und Jetzt und damit unser Glücksempfinden. Bleiben wir ein Leben lang offen für Veränderungen und neue Erfahrungen.

****

Loslassen...

bedeutet, sich von Belastendem, Beängstigendem oder Einschränkendem zu befreien.
Es bedeutet, die Vergangenheit hinter sich zu lassen und sich der Zukunft zuzuwenden.
Loslassen bedeutet zu akzeptieren, dass die Vergangenheit nicht verändert werden kann und dass Probleme zum Leben gehören.

Loslassen bedeutet, dem Lauf des Lebens zu folgen und ihm offen zu begegnen und sich selbst so anzunehmen, wie man ist.

Viele Menschen, die unter Stress, Sorgen oder Ängsten leiden, möchten loslassen.
Das bedeutet nicht, alles aufzugeben und sich dem Schicksal zu ergeben.
Ganz im Gegenteil!
Es bedeutet, sich von dem zu befreien, was einen belastet, blockiert oder unglücklich macht.
Es bedeutet, offen zu sein für Neues, Schönes und Positives.

Wer nicht loslassen kann, wer bestimmte Dinge nicht verdrängen kann, der hat ein Leben lang ein echtes Problem.

Veränderungen sind im Leben unvermeidlich und nicht immer angenehm. Man muss sie akzeptieren. Wer loslässt, wird flexibler und kann sich schneller

auf neue Situationen einstellen.
Nicht immer gibt es einfache Lösungen.
Sicher nicht.
Achte auf deine Bedürfnisse, Werte und Interessen.
Wenn wir uns bewusst auf die schönen Momente
konzentrieren und dankbar dafür sind, können wir
unsere Stimmung heben und eine positive
Lebenseinstellung entwickeln.
Aber oft sind wir so gefangen in alten Mustern,
dass wir gar nicht mehr merken, wie viel Platz sie
in unserem Kopf einnehmen.
Ändern wir das.
Es ist, als ob man ein Fenster öffnet und frische
Luft hereinlässt.

**Einfach mal machen, was man gerne
möchte, ohne Angst und Zweifel.
Vielleicht entdeckt man dabei Seiten an
sich, die man so noch nicht kannte.**

Loslassen bedeutet auch, gelegentlich auf die
Intuition oder das Bauchgefühl zu hören, anstatt
immer alles kontrollieren zu wollen.

Beschreibe deine Ziele klar und überlege, was du im Leben noch erreichen möchtest. Setze klare Grenzen und lehne Dinge ab, die nicht mit deinen Zielen und Werten übereinstimmen.

***

Glück...

Glück ist ein subjektives Gefühl von Zufriedenheit, Wohlbefinden und positiven Emotionen.
Es ist ein Zustand, in dem man sich erfreut, ausgeglichen und erfüllt fühlt.
Glück hat viele Quellen, zum Beispiel Erfolg, Liebe, Gesundheit, Freundschaft, Erfahrung und Selbstverwirklichung.
Es ist ein individuelles Gefühl, das von Person zu Person variieren kann.
In der Philosophie wird Glück oft als das höchste Gut und Ziel des menschlichen Strebens angesehen.

Glück ist ein subjektives Empfinden und kann für jeden Menschen unterschiedliche Bedeutung haben.

Glück kann sowohl durch äußere Umstände als auch durch innere Einstellungen und Denkweisen beeinflusst werden.

Da ist zum einen das Glück, in einer stabilen und liebevollen Familie aufzuwachsen.

In schwierigen Zeiten gibt die Familie Halt und Sicherheit.

Pflege deshalb deine Beziehungen zu Familie und Freunden. Starke soziale Bindungen sind der Schlüssel zum Glück.

Glück ist ein komplexes Phänomen, das sich nicht allein auf neurochemische Prozesse reduzieren lässt.

Glücklichsein ist eine Momentaufnahme und kann relativ banale Gründe haben.

Auch psychologische und soziale Faktoren wie die eigenen Gedanken, Einstellungen und sozialen

Beziehungen spielen eine wichtige Rolle.
Manche Menschen denken, dass andere mehr Glück
im Leben haben, sei es finanziell, in Beziehungen
oder ganz allgemein.
Das mag stimmen, aber es kommt auf den eigenen
Blickwinkel an.
Jeder kennt das Traumpaar, die perfekte Beziehung,
die man sich auch für sich selbst wünscht.
Aber entspricht das auch der Realität? Oft ist diese
Vorstellung naiv!

Setze dir realistische Ziele und arbeite darauf hin. Das Erreichen von Zielen kann ein Gefühl der Erfüllung geben.

***

Achtsamkeit...

ist das bewusste und absichtliche Wahrnehmen und
Akzeptieren des gegenwärtigen Augenblicks, ohne
zu urteilen, zu bewerten oder sich von Gedanken
und Gefühlen beeinflussen zu lassen.

Achtsamkeit ermöglicht es, den Augenblick bewusst zu erleben und sich von Gedanken an die Vergangenheit oder Zukunft zu lösen.
Dadurch können Stress und Ängste abgebaut und ein Gefühl von innerer Ruhe und Gelassenheit erreicht werden.
Sie hilft auch, negative Gefühle wie Wut oder Trauer besser zu regulieren und mit schwierigen Situationen umzugehen.
Dadurch können Selbstzweifel und Selbstkritik reduziert und das Selbstvertrauen gestärkt werden.
Ein achtsamer Lebensstil kann sich positiv auf die körperliche Gesundheit auswirken.
Achtsamkeit hilft, in Beziehungen präsent und aufmerksam zu sein.
Wer wirklich zuhört und sich auf den Moment mit anderen konzentriert, kann eine tiefere Verbindung aufbauen und Beziehungen stärken.

Um achtsam zu sein, versucht man, die Perspektive des anderen zu verstehen.

Das kann dazu beitragen, Beziehungen zu verbessern und Konflikte zu lösen.

Wer lernt, seine Gedanken und Gefühle wahrzunehmen und ihnen nicht zu viel Bedeutung beizumessen, kann in der Hektik des Alltags zu mehr Gelassenheit finden.

Achtsamkeit ist auch die Fähigkeit, mit Herausforderungen und Stress bewusst und mitfühlend umzugehen.
Es ist ein Begriff, der in den letzten Jahren immer mehr an Bedeutung gewonnen hat.

Achtsamkeit bedeutet, bewusst wahrzunehmen, was im Moment passiert, ohne es zu bewerten oder zu verurteilen.

Es bedeutet, sich in die Gefühle und Bedürfnisse anderer hineinzuversetzen und zu versuchen, die Perspektive des anderen zu verstehen.
Es ist wichtig, aufmerksam zuzuhören und sich selbst zurückzunehmen.

Es hilft auch, Vertrauen aufzubauen, da man sich in

einer einfühlsameren, achtsamen Umgebung sicher und gut aufgehoben fühlst.

Lassen wir es zu, dass manches Gewöhnliche zu etwas Besonderen wird...

Wenn wir uns von unseren Sinnen leiten lassen, können wir die Welt tiefer erforschen und ihre Schönheit in vollen Zügen genießen.
Wir können uns von der Magie des Augenblicks einfangen und inspirieren lassen und die Schönheit des Seins in all seinen Facetten erkennen und schätzen lernen.

***

Ratschläge...

Dein Freund oder deine Freundin möchte mit dir privat über ein Problem sprechen, das ihn oder sie beschäftigt.
Du möchtest helfen und deine Meinung dazu sagen. Deshalb solltest du gut zuhören und dir gut überlegen, was du sagst.

Es ist schwierig, jemandem Ratschläge zu geben, da jeder Mensch unterschiedliche Erfahrungen, Ansichten und Werte hat und somit auch unterschiedliche Perspektiven.

Einfühlungsvermögen und Empathie sind wichtig, um ein Vertrauensverhältnis aufzubauen.
Nur so kann sichergestellt werden, dass sich der Betroffene verstanden und unterstützt fühlt.
Schließlich ist es wichtig, sich bewusst zu machen, dass jeder Mensch einzigartig ist und individuell auf Probleme reagiert.
Daher sollte man mit den Ansichten und Meinungen anderer respektvoll umgehen und sich immer bewusst sein, dass man nicht die ultimative Lösung für jedes Problem hat.

Es ist wichtig, zuzuhören, zu verstehen und gemeinsam nach Lösungen zu suchen, die für alle Beteiligten akzeptabel sind.

Du bist ein anderer Mensch, du lebst in einer anderen Umgebung. Du denkst und fühlst anders und hast deine eigene, gan; persönliche Wahrnehmung.

Wir sollten nicht automatisch davon ausgehen, das; wir die richtige Lösung für jedes Problem haben und dies auch klar kommunizieren.
Daher ist es wichtig, vorsichtig zu sein, wenn man anderen Ratschläge gibt, und daran zu denken, das; jeder Mensch einzigartig ist und unterschiedliche Bedürfnisse, Fähigkeiten und Ziele hat.

Es kann hilfreich sein, stattdessen Empfehlungen auszusprechen und die andere Person zu ermutigen ihre eigenen Entscheidungen zu treffen und ihr eigenes Urteilsvermögen zu entwickeln.

Wenn du Glück hast, hat vielleicht nur ein kleiner Anstoß deinerseits gefehlt, um zu helfen und eine Entscheidung herbeizuführen.

***

Lebensqualität...

ist ein facettenreicher Begriff, der das Wohlbefinden und die Zufriedenheit einer Person oder Gruppe beschreibt.

Lebensqualität ist subjektiv und wird von jedem Menschen unterschiedlich wahrgenommen.

Teile der Realität sind außerhalb deiner Kontrolle. Richte deine Energie auf die Dinge, die du beeinflussen kannst.

Was für den einen wichtig ist, kann für den anderen weniger wichtig sein.
Jeder Mensch hat individuelle Bedürfnisse und Prioritäten hinsichtlich einer hohen Lebensqualität. Sie ist subjektiv und nicht objektiv messbar.

Eine gute Lebensqualität beinhaltet Gesundheit, Bildung, Arbeit, eine geeignete Wohnsituation, soziale Beziehungen und Freizeitaktivitäten.

Eine gute körperliche und geistige Gesundheit ist entscheidend für eine positive Lebensqualität.
Gesundheit hat oberste Priorität.
Wir müssen etwas dafür tun.

Regelmäßige Bewegung, eine ausgewogene Ernährung und ausreichend Schlaf können viel bewirken. Beziehungen zu Familie, Freunden und unserem sozialen Umfeld sind weitere Ankerpunkte für eine positive Lebensqualität.

Ein gutes soziales Netz kann Halt, Zugehörigkeit und emotionale Unterstützung bieten.
Eine sinnvolle und befriedigende Arbeit ist ein weiteres wichtiges Kriterium.

Die Möglichkeit, die eigenen Fähigkeiten einzusetzen, Herausforderungen anzunehmen und sich beruflich weiterzuentwickeln, kann dazu beitragen, sich glücklich und erfüllt zu fühlen.

Ausreichend Zeit für Freizeit, Hobbys und Erholung ist wichtig, um Stress abzubauen und Spaß zu haben.

Geldsorgen können Stress verursachen, daher ist es ein Ziel, ein gewisses Maß an finanzieller Stabilität und Unabhängigkeit zu erreichen.

Es geht darum, sich aus der Umklammerung zu lösen, die das Leben für uns bereithält. Wenigstens ab und zu!

Die Teilnahme an kulturellen Aktivitäten wie Musik oder Theater und das Erleben von Kunst und Kultur können inspirieren und das psychische Wohlbefinden fördern.

****

Liebe...

Liebe ist voller Leidenschaft, Zauberei und Tiefe, die uns glücklich und zufrieden macht.
Doch wie lange bleibt dieses Abenteuer spannend?

Die Liebe ist kein Zustand, sondern ein Prozess. Sie geht nicht in den Alltag über, sondern sie passt sich dem Alltag an. Sie erlischt nicht, sondern sie entwickelt sich weiter.

Liebe entsteht aus dem Zusammenspiel biologischer, psychischer und sozialer Faktoren. Starke Zuneigung, Verbundenheit und Hingabe an einen anderen Menschen sind die Grundlage der Liebe, die über eine rein körperliche Anziehung hinausgeht.

Liebe beinhaltet den Wunsch nach Nähe, Intimität und die Bereitschaft, Zeit und Energie in die Beziehung zu investieren.
Man möchte sich der geliebten Person körperlich und emotional nahe fühlen.

Du bist nicht fremdbestimmt, auch wenn du das vielleicht glaubst. Wenn du nie etwas forderst, keine Wünsche äußerst, lässt du deinen Partner ahnungslos zurück.

Liebe bedeutet, dass man eine Person komplett akzeptiert und schätzt, einschließlich ihrer Stärken, Schwächen und Eigenschaften, ohne den Wunsch, sie zu verändern.

Liebe kann ein Gefühl von Sicherheit, Geborgenheit und Vertrautheit auslösen.
Mit der Zeit verändert sich unsere Wahrnehmung des Partners und unserer Beziehung.

Wir lernen seine Stärken und Schwächen kennen, sehen ihn nicht mehr als perfekt an, haben Konflikte und Herausforderungen zu bewältigen.

Das muss nicht so sein, kann aber so sein und ist sicherlich die überwiegende Realität.
Das bedeutet nicht, dass Liebe oder Zuneigung aufhören.

Liebe bedeutet, sich um den anderen zu kümmern, ihn zu unterstützen, ihm Aufmerksamkeit und Zuwendung zu schenken und ihm das Gefühl zu geben, dass er wichtig und wertvoll ist.

Wenn wir eine Beziehung beginnen, sind wir zunächst sehr verliebt, was mit einem intensiven Gefühl von Leidenschaft, sexuellem Verlangen und Schmetterlingen im Bauch einhergeht.

Im Laufe der Zeit können sich diese anfänglichen Gefühle verändern.
Tiefere Formen der Liebe wie Vertrauen,

Zuneigung und Verbundenheit können nun in den Vordergrund treten.
Sowohl Zärtlichkeit als auch Zuneigung sind grundlegend für das menschliche Wohlbefinden.

***

Empathie...

ist die Fähigkeit, sich in andere Menschen
hineinzuversetzen und ihre Gefühle und
Bedürfnisse zu verstehen.

Sie ist sehr wichtig, weil sie die Grundlage für
zwischenmenschliche Beziehungen bildet.
Empathie verbessert die Kommunikation und das
Verständnis zwischen Menschen und bringt uns
einander näher.

Bei der Empathie geht es um die Bereitschaft, die
Welt aus der Perspektive anderer Menschen zu
sehen und zu verstehen, wie sich diese Menschen
fühlen könnten.

Dies erfordert eine gewisse Sensibilität und die
Fähigkeit, sich in andere hineinzuversetzen.
Empathie ermöglicht es uns, mitfühlend und
einfühlsam auf die Bedürfnisse und Gefühle
anderer zu reagieren, sie wahrzunehmen und
angemessen zu handeln

Empathie spielt eine wichtige Rolle in zwischenmenschlichen Beziehungen, da sie es uns ermöglicht, uns mit anderen zu verbinden, sie zu unterstützen und zu trösten.

Sie fördert Verständnis und Vertrauen zwischen Menschen und hilft uns, Konflikte zu lösen und Beziehungen aufzubauen.
Empathie ist nicht nur auf individueller, sondern auch auf gesellschaftlicher Ebene wichtig.
Sie kann dazu beitragen, soziale Ungerechtigkeiten zu erkennen und sich mit diesem Wissen für positive Veränderungen einzusetzen.
Sie kann Verständnis für andere Perspektiven schaffen. Empathie erfordert bewusstes und aktives Zuhören, die Fähigkeit, sich auf andere einzustellen, ihre nonverbale Kommunikation zu interpretieren und ihr emotionales Erleben zu erfassen. Empathie kann auch durch das Lesen von Literatur oder das Betrachten von Kunst gefördert werden, da sie es uns ermöglichen, verschiedene

Perspektiven und Emotionen zu erleben. Die Entwicklung von Empathie ist ein kontinuierlicher Prozess, der eine ständige Arbeit an uns selbst erfordert.

Durch Empathie können wir uns auf das Leben und die Erfahrungen anderer einlassen.

Empathie stärkt das Vertrauen und schafft eine Atmosphäre des Verständnisses und der Unterstützung und hilft auch, Konflikte zu lösen und Missverständnisse auszuräumen.

1Wenn wir uns wirklich in andere hineinversetzen können, sind wir in der Lage, ihren Standpunkt zu verstehen und Kompromisse zu finden. Empathie ist ein vielschichtiger und wertvoller Aspekt des menschlichen Miteinanders.

Insgesamt ist es eine der wichtigsten Eigenschaften, da sie die Grundlage für zwischenmenschliche Beziehungen schafft, zu einem tieferen Verständnis führt und es uns ermöglicht, sinnvolle Beziehungen zu anderen aufzubauen.

***

Dankbarkeit...

ist ein wunderbares Gefühl, das uns daran erinnert, die kleinen und großen Dinge in unserem Leben zu schätzen.

Dankbarkeit ist die Fähigkeit, zu erkennen und zu schätzen, wie viel Gutes uns widerfahren ist, sei es in Form von Beziehungen, Erfolgen oder einfach nur alltäglichen Glücksmomenten.
Sie kann uns helfen, uns auf das Positive zu konzentrieren, selbst wenn das Leben uns vor Herausforderungen stellt.
Sie ermöglicht es uns, mit einer positiven Einstellung durchs Leben zu gehen.

Wenn wir Dankbarkeit kultivieren, beginnen wir, die Fülle in unserem Leben zu erkennen.

Wir sehen nicht nur die materiellen Güter, sondern auch die immateriellen Dinge wie Liebe, Freundschaft, Gesundheit und Freiheit und wir erkennen, dass das Leben voller Möglichkeiten und Geschenke ist, die wir zu oft für selbstverständlich halten.
Dankbarkeit hilft uns, unsere Perspektive zu erweitern und in jeder Situation das Positive zu sehen.

Wenn wir unseren Nächsten gegenüber Dankbarkeit zeigen, fühlen sie sich wertgeschätzt und geliebt.
Sie kann uns helfen, uns auf das Gute in anderen Menschen zu konzentrieren, anstatt auf ihre Fehler oder Mängel.
Dankbarkeit öffnet unsere Herzen und stärkt unsere Beziehungen zu anderen.

Studien haben gezeigt, dass dankbare Menschen glücklicher, zufriedener und weniger gestresst sind Indem wir uns auf das Positive konzentrieren, können wir unsere Gedanken, Emotionen und unse Verhalten beeinflussen.
Es ist ein Werkzeug, mit dem wir uns aktiv um unser eigenes Wohlbefinden kümmern können.

Es ist wichtig anzumerken, dass Dankbarkeit keine Selbstverständlichkeit ist. Wir müssen uns bewusst dafür entscheiden, dankbar zu sein und unsere Dankbarkeit auch zum Ausdruck zu bringen.

Wir können dies tun, indem wir ein Tagebuch führen, in dem wir jeden Tag drei Dinge notieren, für die wir dankbar sind, oder indem wir unseren Lieben immer wieder zeigen, wie sehr wir sie schätzen.
Kleine Gesten können viel bewirken.
In einer Welt, die manchmal von Negativität

überflutet zu sein scheint, ist Dankbarkeit ein
Lichtblick, denn sie erinnert uns daran, dass das
Leben voller positiver Momente ist, wenn wir nur
unsere Aufmerksamkeit darauf richten.
Indem wir Dankbarkeit üben, können wir das Beste
aus unserem Leben machen und andere dazu
inspirieren, dasselbe zu tun.

***

Positiv Denken...

**Eines ist klar. Mit positivem Denken
allein kommen wir nicht durchs Leben!**

Überall gibt es Konflikte, Not und Leid.
Das können wir nicht ignorieren.

Es berührt uns, es geht uns unter die Haut.
Auch wenn äußere Umstände eine gewichtige Rolle
spielen können, so sind wir oft selbst für unsere
Reaktionen und die daraus resultierenden
Konsequenzen verantwortlich.

Drücke den Reset-Knopf oder noch besser, ziehe den Stecker. Wenn du nicht entspannen oder loslassen kannst, wirst du krank. Das Schlimme ist, dass dir das voll bewusst ist!

Es ist wichtig zu verinnerlichen, dass Positivität nicht bedeutet, die Realität zu ignorieren oder Probleme zu verdrängen, sondern Kreativität zu fördern, indem man offen für neue Ideen und Lösungsansätze ist.
Eine positive Einstellung kann zum Erfolg führen, denn sie stärkt das Selbstvertrauen und die Ausdauer und ermöglicht es, neue Möglichkeiten und Chancen zu erkennen.

Insgesamt kann positives Denken ein wertvolles Werkzeug sein, um unser Leben leichter und erfüllter zu gestalten.

Positives Denken bedeutet, bewusst positive Gedanken zuzulassen und eine optimistische

Lebenseinstellung einzunehmen.

Positiv denkende Menschen können besser mit Rückschlägen und Stress umgehen.

Sie glauben, dass sie ihr eigenes Glück und ihre eigene Zufriedenheit durch die bewusste Steuerung ihrer Gedanken und Perspektiven beeinflussen können und sehen Hindernisse als vorübergehende Herausforderungen. Sie nutzen ihre positive Einstellung auch, um sich aus schwierigen Situationen zu befreien und ihre Ziele zu erreichen. Dabei kann es helfen, die kleinen Freuden und Erfolge des Alltags zu schätzen und dankbar für das zu sein, was man hat.

Dies kann unter anderem zu mehr Wohlbefinden und einer besseren psychischen Gesundheit führen.

Oft sind wir gezwungen, auch negative Umstände zu akzeptieren und das Beste aus der Situation zu machen. Indem wir das annehmen, denken wir positiv!

Wer sich auf das Positive konzentriert, kann sich selbst motivieren und mit einer optimistischen

Einstellung in den Alltag gehen und so besser mit Stress und schwierigen Situationen umgehen.

Wer bewusst auf seine Gedanken achtet kann eine optimistischere und zufriedenere Lebenseinstellung entwickeln.

Es geht darum, sich den Herausforderungen des Alltags zu stellen und nach Lösungen zu suchen, anstatt in Negativität oder Resignation zu verfallen Es gibt immer ein Weiter!

***

Selbstliebe...

Selbstliebe ist eine wichtige Fähigkeit, die jeder Mensch haben sollte. Sie führt zu mehr Glück, Gesundheit und Selbstvertrauen.

Wenn wir uns selbst lieben, können wir mit schwierigen Zeiten und Rückschlägen besser umgehen.
Innere Stärke hilft uns, negative Gedanken und Einflüsse zu überwinden.

Selbstliebe hat nichts mit Egoismus oder Arroganz zu tun. Es bedeutet, sich selbst zu akzeptieren, zu respektieren und zu schätzen.

Die Liebe zu sich selbst ist auch die Grundlage für eine gute Beziehung zu anderen Menschen.
Wenn wir uns selbst lieben, können wir auch andere lieben und ihre Andersartigkeit schätzen und akzeptieren.
Es bedeutet nicht nur, sich selbst zu akzeptieren, sondern auch, sich selbst zu respektieren und zu schätzen.

Wenn wir uns selbst lieben, können wir uns auch anderen gegenüber öffnen und ihre Andersartigkeit schätzen.

Durch die vorbehaltlose Annahme unserer selbst schaffen wir Vertrauen und Offenheit und strahlen positive Energie auf andere aus.

Aktiviere deine inneren Kräfte und erfülle dein Leben mit Vitalität. Habe Vertrauen in dich selbst. Verwechsle Selbstliebe nicht mit Egoismus oder Narzissmus, sondern verstehe ihre Bedeutung. Selbstliebe bedeutet, auf sich selbst zu achten und für sich selbst zu sorgen, ohne dabei die Bedürfnisse anderer zu vernachlässigen.
Sich selbst in einem positiven Licht zu sehen, ist ein kontinuierlicher Prozess, der durch Selbstreflexion und Achtsamkeit erleichtert werder kann.
Es ist wichtig, ständige Selbstkritik zu vermeiden. Stattdessen sollte man sich Fehler eingestehen und bereit sein, sich selbst zu verzeihen.

Selbstliebe geht über egoistisches Verhalten hinaus und umfasst auch Selbstmitgefühl, Selbstfürsorge und Selbstakzeptanz.
Die Entwicklung von Selbstliebe ist ein lebenslanger Prozess, der verschiedene Aspekte umfasst. Es geht darum, die eigenen Bedürfnisse zu erkennen und zu erfüllen, sich nicht mit anderen zu vergleichen, sich selbst zu vergeben und sich selbst Gutes zu tun.

Es bedeutet auch, sich bewusst zu sein, was einem gut tut und was nicht, und Entscheidungen zu treffen, die den eigenen Werten und Bedürfnissen entsprechen.
Stolz kann motivieren und Selbstvertrauen und Selbstwertgefühl stärken.
Er ist positiv, solange er sich in gesunden Grenzen hält.
Zu viel Stolz kann jedoch zu Arroganz und Überheblichkeit führen.

Daher ist es wichtig, ein Gleichgewicht zwischen Stolz und Demut zu finden.

Es ist wichtig, dass man seine Fähigkeiten und Stärken kennt und dadurch Selbstvertrauen gewinnt. So kann man Herausforderungen selbstbewusster angehen und Rückschläge besser bewältigen.

Sei dir bewusst, dass du wertvoll bist!

Stehe dazu. Darum geht es! Sei stolz auf dich!

Selbstbewusstsein kann helfen, die Motivation und Entschlossenheit zu steigern und hart an der Verfolgung von Zielen zu arbeiten.
Wenn man im Einklang mit sich selbst ist, strahlt man Zuversicht und Freude aus. Das wirkt anziehend auf andere und kann sie inspirieren.

***

Das Leben kommt von vorn...

Der Satz kann bedeuten, sein Leben bewusst zu gestalten und sich nicht von alten Mustern und Gewohnheiten einschränken zu lassen.
Unsere Vergangenheit hat uns geprägt, aber wir leben im Hier und Jetzt.

Das Leben schenkt uns immer wieder neue Anfänge. Es gibt uns Chancen und Möglichkeiten, uns zu entwickeln, zu lernen und zu wachsen.

Es kann bedeuten, immer wieder neu anzufangen, sich neuen Herausforderungen zu stellen, aus vergangenen Erfahrungen zu lernen und sie als Grundlage für zukünftige Entscheidungen zu nutzen.

Es fordert uns heraus, unsere Grenzen zu überschreiten, unsere Ängste zu überwinden und unsere Träume zu verwirklichen.

Statt uns auf die Theorie zu konzentrieren, können wir auch auf unsere eigenen Erfahrungen und Erlebnisse zurückgreifen, die uns geholfen haben, richtig zu denken und zu handeln und mit diesem Wissen in die Zukunft zu gehen.

Was auch immer in der Vergangenheit geschehen ist, das Leben bietet uns immer wieder neue Chancen und Möglichkeiten.

...Das Leben kommt von vorn... erinnert uns daran,

dass wir immer die Möglichkeit haben, unsere Situation zu ändern. Es kann als Erinnerung verstanden werden, dass das Leben immer wieder neue Chancen und Herausforderungen bietet.
Es ist eine Aufforderung, nach vorne zu schauen und sich auf die Zukunft zu konzentrieren.

Mit voller Energie der Zukunft entgegensehen, ist eine kraftvolle Methode, um unser Wohlbefinden und unsere Leistungsfähigkeit zu steigern.

***

Sinnlichkeit...

ist die Kunst, die Welt mit allen Sinnen zu genießen.
Es ist die Fähigkeit, sich dem Schönen, dem Angenehmen, dem Erotischen hinzugeben.

Sinnlichkeit ist eine Lebensphilosophie, die uns lehrt, jeden Moment voll auszukosten und uns selbst und anderen Freude zu bereiten.

Sinnlichkeit ist eine Quelle der Inspiration, der Kreativität, der Leidenschaft. Sinnlichkeit ist ein Geschenk, das wir alle in uns tragen.

Es bedeutet, dass wir die Welt um uns herum mit unseren Sinnen erfassen und genießen können. Wir können die Natur bewundern, die zärtliche Umarmung eines geliebten Menschen spüren. Wir können neugierig die Welt entdecken und die Vielfalt der Sinneserfahrungen genießen, die uns das Leben schenkt. Es geht darum, bewusst die kleinen Dinge im Alltag zu beachten und als Besonderheiten zu schätzen. Wir können bewusst den Duft von Blumen, das Rauschen des Meeres, einen Sonnenuntergang, ein köstliches Essen, ein Glas Wein, ein Theaterstück, ein Rockkonzert oder das Lächeln eines Kindes aufnehmen und genießen. Nehmen wir uns die Zeit, um diese Momente zu erleben und uns von ihnen verzaubern zu lassen.

Wir können den Augenblick intensiv erleben und

uns bewusst machen, wie wertvoll und einzigartig jeder Moment ist.

Die Sinnlichkeit des Lebens zeigt uns, dass das Leben nicht nur aus persönlichem und beruflichem Erfolg besteht, sondern auch aus den kleinen Momenten von Glückseligkeit im Alltag.

Zur Sinnlichkeit gehören unsere Gefühle.
Wir können Freude, Liebe, Leidenschaft, Trauer und Angst in uns spüren und ausdrücken.
Sie hilft uns, unsere Gefühle zu verstehen und sie als Teil unseres Menschseins zu akzeptieren.
Wenn wir uns von unseren Sinnen leiten lassen, können wir die Welt tiefer erforschen und ihre Schönheit in vollen Zügen genießen.

Wir können uns vom magischen Augenblick einfangen und inspirieren lassen und die Schönheit des Seins in all seinen Facetten erkennen und schätzen lernen.

Sinnlichkeit in der Sexualität bedeutet, sexuelle Erfahrungen bewusst und intensiv zu erleben und zu genießen.

Es geht darum, den eigenen Körper und den des Partners genau zu erkunden, sich den Empfindungen hinzugeben und die Sinne einzusetzen, um Lust und Vergnügen zu steigern. Sexuelle Sinnlichkeit umfasst Berührungen, Küsse, Massagen und andere Formen körperlicher Intimität, die dazu beitragen können, eine tiefere Beziehung zwischen den Partnern aufzubauen. Sinnlichkeit kann auch bedeuten, sexuelle Aktivitäten bewusster und langsamer, also sinnlicher, anzugehen, um eine intensivere Lust zu erleben.

✳✳✳

Unsere Wahrnehmung...

Die Wahrnehmung ist ein komplizierter Vorgang, bei dem unsere Sinne eingesetzt werden, um uns Informationen über unsere Umgebung zu liefern.

Sie ist subjektiv und kann von Person zu Person unterschiedlich sein.

Was für eine Person surreal oder beeindruckend ist, kann für eine andere Person normal oder uninteressant sein.

Die Wahrnehmung kann auch durch persönliche Erfahrungen, kulturellen Hintergrund und individuelle Vorlieben beeinflusst werden.

Es ist wichtig zu erkennen, dass unsere Sichtweise subjektiv ist und unterschiedliche Menschen dieselbe Situation unterschiedlich wahrnehmen können.

Man lernt viel von Leuten, die anders denken als man selbst. Das macht das Leben interessanter.

Du glaubst, dass du ständig beobachtet wirst, dass dein Verhalten und deine Reaktionen von allen um dich herum bewertet werden.
Das ist wahr! Aber das nennt man Leben.
Das ist unser Alltag.

Man muss nicht jedem in allem gefallen. Selbst wenn man das möchte...das ist unmöglich. Dazu sind wir Menschen zu verschieden.

Über jemanden zu reden, ob gut oder schlecht, geschieht praktisch ständig.
In der Schule, am Arbeitsplatz, in der Beziehung.
Das Verhalten des anderen beeinflusst unser Verhalten.
Man kann es nachahmen oder ablehnen, sich einer Meinung anschließen oder sie brüsk zurückweisen.
Das fordert uns und formt uns.

Man hat keinen Vorteil, wenn man sich immer anpasst. Unsere Ansichten dürfen auch kontrovers sein. Wir müssen nicht mit jedem auf du und du sein. Wir haben das Recht, uns bewusst von Menschen zurückzuziehen, die uns nicht guttun.

Unser Selbstverständnis unterscheidet sich von der
anderer Menschen.
Unsere Sichtweise wird von unseren eigenen
Erlebnissen beeinflusst. Wir können uns nur
begrenzt in andere Menschen hineinversetzen.
Es kommt häufig vor, dass wir nur begrenzte
Informationen über eine Person oder eine Situation
besitzen und dadurch Schwierigkeiten haben, alle
Gedanken und Gefühle zu verstehen.

Dazu kommt noch, dass unsere Vorstellungskraft Grenzen hat und wir uns nur begrenzt Dinge vorstellen können, die außerhalb unserer eigenen Erfahrungswerten liegen.

Wir sollten stolz auf unsere Individualität sein und
diese als eine Quelle der Bereicherung und Vielfalt
betrachten.

***

Der Glaube...

kann in schweren Zeiten Hoffnung für eine positive Zukunft geben.

Er gibt dem Leben Sinn und Richtung und hilft, Hindernisse zu überwinden.

Dabei spielt er auch eine wichtige Rolle für die Gesundheit. Studien zeigen, dass Menschen mit starkem Glauben oft widerstandsfähiger sind und besser mit Stress umgehen können.

Zu glauben, kann in schwierigen Lebenssituationen oder bei Trauer eine Stütze sein, Trost spenden und Halt geben.

Der Glaube kann Hoffnung und Zuversicht vermitteln. Dazu zählt auch die Erwartung, dass sich Dinge zum Besseren wenden können.

Er kann das Wohlbefinden des Geistes und der Emotionen stärken und helfen Krisen besser zu bewältigen.

Der Glaube kann helfen, mit Stress und schwierigen Lebenssituationen besser umzugehen.

Für manche Menschen ist der Glaube auch eine Motivation, Gutes zu tun und sich selbst zu vervollkommnen. Darüber hinaus bieten religiöse und spirituelle Gruppen oft eine starke Gemeinschaft und sozialen Rückhalt.
Der regelmäßige Kontakt und Austausch mit Gleichgesinnten kann das Wohlbefinden steigern und das Zugehörigkeitsgefühl stärken.
Für viele Menschen sind der Glaube an eine höhere Macht oder spirituelle Praktiken ein wesentlicher Bestandteil ihres Lebens und geben ihnen Hoffnung, Trost und Sinn
Für andere hingegen spielt der Glaube keine oder nur eine untergeordnete Rolle.
Sie finden Sinn und Erfüllung in anderen Lebensbereichen wie Familie, Freundschaften, persönlichen Zielen oder beruflichem Erfolg.
Manche Menschen finden ihren Glauben in organisierten Religionen, während andere ihren Glauben außerhalb dieser Strukturen definieren.
Insgesamt kann der Glaube eine wichtige Rolle im Leben spielen, indem er moralische Werte und Hoffnung bietet.

***

Veränderung...

kann uns aus unserer Komfortzone herausholen und uns zwingen, uns anzupassen und zu wachsen.
Sie ermöglicht es uns, neue Fähigkeiten zu erlernen, uns weiterzuentwickeln und flexibler und anpassungsfähiger zu werden, was in einer sich schnell verändernden Welt von Vorteil ist.
Veränderung macht das Leben spannend und interessanter!
Durch Anpassung können wir neue Perspektiven gewinnen und unseren Horizont erweitern.
In gewisser Hinsicht kann man durch Veränderung immer wieder neu anfangen und die Welt aus einem anderen Blickwinkel betrachten, was zu neuen Einsichten und Ideen führen kann.

Veränderung kann uns lebendig machen, indem sie uns aus unserer Routine herausholt und uns dazu bringt, uns weiterzuentwickeln.

Wandel kann auch neue Chancen bieten, neue

Möglichkeiten und neue Wege zu gehen um unsere gesteckten Ziele und Wünsche zu erreichen.

Indem wir uns an neue Situationen anpassen und neue Herausforderungen annehmen, können wir unsere Fähigkeiten und unser Wissen erweitern.

Veränderung kann uns in der Tat glücklich machen. Wenn wir uns neuen Herausforderungen stellen und sie erfolgreich meistern, fühlen wir uns stolz und zufrieden. Dieses Gefühl des Erfolgs und der Selbstwirksam-keit kann unsere Stimmung heben und uns ein Gefühl der Erfüllung geben.Darüber hinaus kann Veränderung uns auch helfen, uns selbst besser kennenzulernen. Indem wir uns in neue Situationen begeben, können wir unsere Reaktionen und Entscheidungen in verschiedenen Kontexten beobachten. Dies ermöglicht uns, ein tieferes Verständnis für unsere persönlichen Stärken und Schwächen zu entwickeln.

***

Kreativität...

wird häufig durch Veränderungen angeregt.
Wenn wir uns an neue Situationen anpassen
müssen, sind wir gezwungen, neue Lösungen zu
finden und kreative Ansätze zu entwickeln.
Veränderung kann unsere Kreativität anregen und
uns dazu bringen, neue Ideen zu generieren und
innovative Lösungen zu finden.

Kreativität ist eine Quelle, die dir beim Ausdruck deiner Persönlichkeit und beim Erreichen deiner Ziele hilft.

Manchmal wünschen wir uns mehr Zeit für die
Umsetzung unserer kreativen Projekte.
Aber die Zeit ist bei weitem nicht der einzige
Faktor, der einen Einfluss auf unsere Kreativität
hat.
Auch unsere Umgebung, unser persönliches
Umfeld, unsere Stimmung und ganz wichtig unsere
Motivation und die Ziele, die wir verfolgen, spielen
eine Rolle.
Bei Kreativität handelt es sich nicht nur um eine

Fähigkeit, sondern auch um eine Einstellung.

Wir müssen offen für Neues sein, unsere Neugier kultivieren, unser Selbstvertrauen stärken und Herausforderungen annehmen.

Kreativität ist eine Gabe, die wir mit anderen teilen können. Wir können andere inspirieren und zum Nachdenken bringen.

Es ist auch eine Art, wie wir die Welt betrachten und mit ihr umgehen.
Man muss nicht immer alles so ernst nehmen oder sich immer an jede Regel halten.

Mitunter sollte man einfach nur Spaß haben und etwas Neues ausprobieren.

Für kreative Personen ist der Tag oft zu kurz!

***

Neugier...

Neugier sollte uns ein Leben lang begleiten.
Durch Neugierde beteiligt wir uns am Leben.
Fragen wie... Warum? Wieso? Weshalb?... sollten
wir uns immer wieder stellen.
Die Welt verändert sich.
Begleiten wir diese Veränderungen mit Neugierde.
Wenn wir neugierig bleiben, sind wir offen für neue
Informationen und lernen ständig dazu.

Wir erweitern unseren Horizont.
Es gibt keinen Stillstand, also müssen wir uns
anpassen, um uns nicht abgehängt zu werden.

Frage dich, aus welchem Grund die Dinge sind, wie sie sind..... und suche nach Antworten.

Eine weitere wichtige Eigenschaft der Neugier ist
ihre Fähigkeit, uns zu motivieren.
Wenn wir neugierig sind, sind wir begeistert und
voller Energie.

Sie fordert uns auf, Fragen zu stellen, Zusammenhänge zu verstehen und Unbekanntes zu erforschen. Unsere Entdeckerfreude treibt uns an, neue Herausforderungen anzunehmen.
Neugier ist der Funke, der das Feuer der Innovation entfacht.
Sie ist die treibende Kraft hinter wissenschaftlicher Entdeckungen und künstlerischen Schöpfungen. Wenn wir neugierig sind, sehen wir die Welt nicht nur, wie sie ist, sondern wie sie sein könnte.
Wir hinterfragen den Status quo und suchen nach Verbesserungen und Lösungen.
Sie eröffnet uns neue Perspektiven und lässt uns über unsere eigenen Grenzen hinaus denken.
Neugier ist nicht nur ein Wegweiser zum Lernen, sondern auch ein Schlüssel zur persönlichen Entwicklung und zum Glück.

Wir werden zu lebenslangen Lernenden, die ständig sich weiterentwickeln. In einer Welt, die sich ständig verändert, ist die Fähigkeit, sich anzupassen und neues Wissen zu erlangen, von unschätzbarem Wert. Neugier ist also nicht nur ein Werkzeug für den Fortschritt; sie ist eine Lebensweise.

Neugierde besiegt Langeweile!
Ohne Neugierde würden wir uns mit dem zufriedengeben, was wir schon wissen. Sie macht unser Leben bunter!

Neugier ist sehr wichtig, denn sie zeigt uns, wie spannend die Welt ist, und sie treibt uns an, immer mehr wissen zu wollen.
Neues auszuprobieren und zu lernen macht uns innovativ und fortschrittlich. Dieses Denken eröffnet uns neue Perspektiven und Erfahrungen. Man kann neue Orte, Kulturen, Sprachen und Länder entdecken. Man kann die eigene Umgebung in all ihren Facetten kennen lernen.

Man kann sich neuen Hobbys widmen, ein Musikinstrument erlernen oder eine andere Sportart ausprobieren.
All dies trägt dazu bei, unser Wissen und unsere Fähigkeiten zu erweitern und damit unsere Lebensqualität zu verbessern.
Wenn wir neugierig sind, interessieren uns auch

andere Menschen mit ihren Geschichten,
Meinungen und Gefühlen.
Neugier gehört also ganz einfach zu uns Menschen
und macht uns zu dem, was wir sind.

***

Die Regeln des Lebens...

Wir akzeptieren sie, weil wir wissen, dass ohne sie
das absolute Chaos ausbrechen würde.
Von Kindheit an sind wir Teil einer Gemeinschaft.
In gewissem Sinne leben wir in einem Konkon.
Auch wenn wir für die Gestaltung unseres Lebens
selbst verantwortlich sind, ist der Rahmen
vorgegeben.

**Regeln sind das Grundgefüge unserer
Gesellschaft. Sie ermöglichen es uns,
miteinander zu kommunizieren, zu
kooperieren und zu konkurrieren.**

Sie definieren unsere Rechte und Pflichten, unsere
Werte und Normen. Diese sind das Ergebnis von

Erfahrungen und Traditionen.
Sie sind nicht starr, sondern können verändert der
Zeit angepasst werden.

Wir sind nicht nur von Regeln umgeben, sondern
auch von einer Gemeinschaft.
Wir gehören zu verschiedenen Gruppen wie
Familie, Freunde, Nachbarn, Schule, Arbeit,
Verein, Kirche, einer Stadt- oder Dorfgemeinschaft.
Diese Gruppen prägen unsere Identität, unsere
Zugehörigkeit und unser Wohlbefinden, geben uns
Halt, Anerkennung und Orientierung.

**Unser Umfeld verlangt aber auch von
uns, uns anzupassen, Kompromisse zu
schließen und Konflikte zu lösen.**

Auf die Bedürfnisse und Erwartungen anderer
müssen wir Rücksicht nehmen.
So müssen wir die sozialen Konventionen
beachten. In einer Demokratie haben wir die
Freiheit und die Möglichkeit, unsere eigenen
Entscheidungen zu treffen.
Jeder hat seine eigenen Ziele, seine eigenen
Talente, seine eigenen Meinungen und Werte.

Wir leben in einer Welt, die uns nicht immer alles gibt, was wir wollen. Aber sie bietet uns viele Möglichkeiten.

Wir können damit leben oder etwas daraus machen. Wir müssen die Welt als unser Zuhause betrachten, wir können diesen Rahmen akzeptieren oder verändern. Wir können ihn erweitern oder einschränken, wir können innerhalb dieses Rahmens kreativ sein oder uns außerhalb dieses Rahmens auflehnen.
Wir können den Rahmen als Schutz oder als Einschränkung betrachten.
Von Kindheit an sind wir Teil einer Gemeinschaft.

In gewissem Sinne leben wir in einem Konkon. Auch wenn wir für die Gestaltung unseres Lebens selbst verantwortlich sind.

Der Rahmen ist vorgegeben.

Unsere Vergangenheit hat uns geformt. Ob wir

zwanzig, dreißig, vierzig, fünfzig, sechzig oder älter sind!

Vieles ist automatisiert, im Unterbewusstsein abgespeichert. All diese Erlebnisse prägen unser Denken.

Jeder trägt sein Bündel mit sich.

Jeder hat seine eigene Sicht der Dinge.

Wir können unsere Vergangenheit nicht ändern, aber wir können unsere Zukunft gestalten, aus unseren Fehlern lernen, unsere Stärken nutzen, unsere Schwächen akzeptieren.

Unsere Vergangenheit prägt uns, aber sie definiert uns nicht. Jeder hat seine Sicht der Dinge. Aber DU lebst im Hier und Jetzt!

***

Emotionen...

Emotionalität ist eng mit dem limbischen System des Gehirns verbunden, das für die Verarbeitung und das Erleben von Gefühlen zuständig ist.

Sie beeinflusst unsere Wahrnehmung, unser
Denken, unser Verhalten und unsere
zwischenmenschlichen Beziehungen.

Emotionen können spontan auftreten oder durch
bestimmte Ereignisse, Gedanken oder
Erinnerungen ausgelöst werden.

**Menschen mit hoher Emotionalität
können ihre Gefühle intensiver erleben
und ausdrücken.**

Menschen mit hoher Emotionalität sind oft aber
auch sehr sensibel.
Das hat Vor- und Nachteile.
Zum Beispiel können sie sich sehr freuen,
begeistern und mitfühlen, wenn etwas Schönes
passiert.
Das macht das Leben bunt und aufregend.
Gefühle sind auch wichtig, um Probleme zu lösen
und Ziele zu erreichen.
Manchmal können sie aber auch zu viel werden,
besonders wenn sie negativ sind.
Dann fühlen wir uns traurig, wütend oder ängstlich
und wissen nicht, wie wir damit umgehen sollen.

Das kann unseren Alltag belasten.
Starke Gefühle können uns blockieren, uns von anderen Menschen isolieren und unsere Lebensqualität beeinträchtigen.
Es ist wichtig, diese Gefühle zu erkennen und zu verstehen, um Wege zu finden, mit ihnen umzugehen.
Emotionen sind individuell und können sich von Mensch zu Mensch unterscheiden.

Es ist wichtig, die eigenen Emotionen zu akzeptieren und zu respektieren, aber auch die Emotionen anderer zu achten und sensibel mit ihnen umzugehen.

Gefühle können auch körperliche Reaktionen hervorrufen. Wenn wir beispielsweise Angst empfinden, schlägt unser Herz schneller, unsere Hände schwitzen und unser Körper, unsere Muskeln, sind angespannt. Diese körperlichen Reaktionen sind Teil unserer natürlichen Stressreaktion und dienen dazu, uns auf eine mögliche Gefahr vorzubereiten.

Es ist wichtig, unsere Gefühle zu regulieren und einen gesunden Umgang mit ihnen zu erlernen. Das kann bedeuten, dass wir uns Zeit zur Beruhigung, zum Nachdenken und zum Austausch mit anderen Menschen nehmen sollten. Es kann auch bedeuten, dass wir professionelle Hilfe in Anspruch nehmen, wenn wir das Gefühl haben, dass unsere Gefühle uns überwältigen oder unser Leben beeinträchtigen.

Emotionen beeinflussen unsere Stimmungen, unsere Entscheidungen und unsere zwischenmenschlichen Beziehungen. Sie können uns in einen Zustand der Freude, des Glücks und der Zufriedenheit versetzen, aber auch in einen Zustand der Trauer, der Wut oder der Angst.

***

Wie siehst du andere...

Die Einschätzung, ob wir jemanden sympathisch oder unsympathisch finden, erfolgt oft sehr schnell und hängt von verschiedenen Faktoren ab.

Der erste Eindruck entsteht oft durch die Körpersprache eines Menschen.

Blickkontakt, Körperhaltung, Gestik und Mimik werden automatisch wahrgenommen und beeinflussen unsere Einschätzung.

Auch die äußere Erscheinung kann eine Rolle spielen. Kleidung, Frisur, Sauberkeit oder andere Merkmale.

Ebenso die Art, wie jemand spricht.
Stimme und Tonfall können unsere Meinung beeinflussen.
Wenn jemand ähnliche Interessen, Ansichten oder Werte hat wie wir, finden wir ihn sympathischer.

Eine vorschnelle Beurteilung ist nicht immer richtig. Bauchgefühl und Intuition spielen jetzt voll mit.

Um andere Menschen wahrzunehmen, setzen wir alle unsere Sinne ein, insbesondere das Sehen. Unsere Augen nehmen Bilder auf und leiten sie zur Verarbeitung an unser Gehirn weiter.

So können wir die äußere Erscheinung anderer Menschen wahrnehmen, wie ihr Gesicht, ihre Körperhaltung, ihre Kleidung und andere Merkmale.

Wir scannen die Person in Sekundenschnelle. Wenn wir einer fremden Person begegnen, löst dies verschiedene Gedanken und Gefühle in uns aus.

Die neuen Reize aktivieren unser Gehirn. Bewusst oder unbewusst fragen wir uns, wer diese Person ist und was sie ausmacht.

Wir können uns schnell eine Meinung über eine Person bilden, wenn wir ihr Aussehen, ihre Kleidung oder ihre Körpersprache betrachten.
Doch oft basiert dies auf Vorurteilen oder sozialen Normen.

Wenn wir jemanden nicht kennen, sind wir vorsichtig, weil wir nicht wissen, wie er reagiert oder was er vorhat.

Unser Gehirn ist darauf programmiert, soziale Informationen blitzschnell zu verarbeiten. Dabei kann es passieren, dass wir uns irren.

Wir sollten uns einen persönlichen Schutzraum gönnen und uns von Personen fernhalten, die immer nur das Negative in der Welt sehen.

Es gibt diverse Gründe, warum uns eine unbekannte Person innerhalb weniger Sekunden unsympathisch erscheinen kann, obwohl wir keinen Kontakt mit ih[r] aufgenommen haben.

In manchen Situationen reagieren wir instinktiv auf bestimmte Körpersignale wie Gesten, Mimik oder weitere otische Wahrnehmungen.
Alles kann durch Vorurteile beeinflusst werden, die auf persönlichen Erfahrungen, sozialen Normen oder kulturellen Prägungen basieren.

Es kann vorkommen, dass wir unbewusst Vorurteile gegenüber bestimmten Menschen haben, auch wenn wir keine Gründe dafür nennen können.

Manchmal haben wir auch einfach eine Intuition aufgrund von Signalen, die von der Person ausgehen, auch wenn wir diese nicht genau definieren können.

Sicherlich hast auch du negative Worte, Sätze oder Bemerkungen gespeichert, die irgendwann einmal jemand zu dir gesagt hat.

Diese Bemerkung, die vielleicht nur beiläufig gefallen ist, ist dir bis heute im Gedächtnis geblieben. Sie hat sich dir eingeprägt.

Aber der Satz stand damals in einem ganz anderen Zusammenhang und war nicht so gemeint, wie du ihn verstanden hast. Wir irren uns oft.

Viel zu oft!

Wir merken uns über Jahre Sätze und Bemerkungen, die in unserem Umfeld gesagt wurden, obwohl sie in einem ganz anderen Zusammenhang standen und nur von uns so aufgefasst wurden!

Dein Gesprächspartner denkt nicht wie du! Er hat vielfach andere Ansichten und immer andere Erfahrungen als du.

Warum haben wir diese Bemerkung so ernst

genommen? Lasse dich nicht von Vorurteilen oder negativen Gedanken verunsichern.

Nimm dir die Zeit, über einige Dinge ernsthaft nachzudenken. Manches hat sich in dein Gedächtnis eingebrannt, aber es war ganz anders gemeint.

Mach dir weniger Gedanken darüber, was andere von dir denken. Sei einfach du selbst.
Indem du weniger auf die Meinung anderer achtest, gewinnst du ein Stück Freiheit zurück.
Negative Gedanken können dazu führen, dass wir falsche Schlussfolgerungen ziehen.
Wir sehen die Dinge oft nur aus unserer eigenen Perspektive.

Jeder hat seine persönliche Lebenserfahrung. Wie kann ich mir anmaßen, Menschen nach meinen Maßstäben zu beurteilen!

Ich muss doch nicht alles begründen oder es für gut
oder schlecht halten.

Ich muss mir nicht über alles Gedanken machen
und ich muss mich nicht auf eine Meinung
festlegen.

***

Zeit, etwas zu verändern!

Während du diese Zeilen liest, vergehen weitere
Sekunden und Minuten deines Lebens.

Egal, ob du jung oder alt bist. Unaufhaltsam.

Die Uhr tickt für uns alle, ob Millionär oder
Schuldner. Der Countdown begann in der Sekunde
unserer Geburt.

Zumindest in diesem Punkt sind wir uns alle einig.

Am Ende sind wir alle gleich!

Am Ende herrscht Gerechtigkeit!

Das beruhigt! Ist das nicht wunderbar!

Ob arm oder reich, ob in Finnland oder in der
Karibik - irgendwann bleibt jedem das Herz stehen.

Also los! Die Seele baumeln lassen... die Gedanken
fliegen lassen...das Leben achtsam genießen!

Wir alle sind Suchende.
Unter anderem suchen wir nach
Zweisamkeit, Liebe, Nähe, Freundschaft,
Erfolg und nach sexueller Erfüllung.

Dafür müssen wir etwas tun, uns bemühen, die Initiative ergreifen und die Stunden und die Tage nicht einfach „ablaufen" zu lassen.
Es braucht aber auch den festen Willen loszulassen und gegen die immer wiederkehrenden Bequemlichkeiten und Gewohnheiten anzukämpfen.
Manchmal lassen wir uns einfach treiben.
Das ist nur allzu menschlich.
Aber zu oft sollten wir es nicht zulassen.

Teile der Realität sind außerhalb deiner
Kontrolle. Wenn du akzeptierst, was du
nicht ändern kannst, richte deine
Energie auf die Dinge, die du
beeinflussen kannst.
Ein kleiner Ausbruch aus dem Kokon, den uns der

Alltag umgibt, wäre schon ein erster Erfolg.
Ein Anfang wäre, kleine Dinge zu ändern.
Gewohnheiten, die zwar typisch für dich sind, aber
nicht unbedingt sein müssen.
Vertraue deinem Bauchgefühl, deiner Intuition, sie
begleiten dich auf deinem Weg.
Um neue Erfahrungen zu machen und über den
Tellerrand zu schauen, musst du deine
Komfortzone verlassen.

Lass dich treiben und genieße das aufregende
Kribbeln im Bauch, wenn du ausgetretene Pfade
verlässt.
Zeit ist kostbar und es ist wichtig, sie nicht zu
verschwenden. Manchmal verlieren wir uns in
unwichtigen Dingen oder lassen uns von unseren
Zielen ablenken.
Es gibt viele Möglichkeiten, Zeit effizient zu
nutzen.
Eine davon ist, sich auf die Aufgaben zu
konzentrieren, die wirklich wichtig sind.
Ein ausgewogenes Verhältnis zwischen Arbeit und
Freizeit ist wichtig, um langfristig zufrieden und
gesund zu bleiben.

Einfach mal machen, was man gerne
möchte, ohne Angst und Zweifel.
Vielleicht entdeckt man dabei Seiten
an sich, die man so noch nicht
kannte.

Gedanken sind deine persönliche
Bewertungen und deine ganz
persönlichen Interpretationen.
Sie enthalten keine absolute
Wahrheit.
Gedanken sind nur DEINE Gedanken.
Deshalb kannst du sie ändern oder in
Frage stellen!

Du kannst nicht alles wissen und planen im Leben. Manchmal musst du einfach im Moment leben und das Beste aus dem machen, was du hast.

Jeder hat seine persönliche Lebenserfahrung. Wie kann ich mir anmaßen, Menschen nach meinen Maßstäben zu beurteilen?

Wir müssen nicht mit jedem auf du und du sein. Wir haben das Recht, uns bewusst von Menschen zurückzuziehen, die uns nicht guttun.

Neid macht uns unglücklich und frisst unsere Seele auf. Wir sollten erkennen, dass Neid ein Zeichen von Unzufriedenheit mit uns selbst ist.

Wir sollten auch bereit sein, von anderen zu lernen und uns von ihnen inspirieren zu lassen, anstatt sie als Konkurrenten zu betrachten.

Mit voller Kraft der Zukunft entgegensehen, ist eine kraftvolle Methode, um unser Wohlbefinden und unsere Leistungsfähigkeit zu steigern.

Wann hast du zum letzten Mal etwas zum ersten Mal gemacht?

Unsere Realität wird aufgrund unserer Wahrnehmung und Interpretation der Welt geschaffen. Es ist unsere ganz persönliche, einzigartige und individuelle Sichtweise, die uns prägt.

Wir sollten den Augenblick intensiv erleben und uns bewusst machen, wie wertvoll und einzigartig jeder Moment ist.

Es gibt gute Gründe, warum es sinnvoll ist, mitunter eine Pause einzulegen und über sein Leben und Verhalten nachzudenken.

Du kannst nicht alles wissen und planen im Leben. Manchmal musst du einfach im Moment leben und das Beste aus dem machen, was du hast.

Wer sich selbst erkennt, wer mit sich zufrieden und mit sich im Reinen ist, wer Geben und Nehmen kann... der ist reich!